La Sabiduría del Liderazgo

La Sabiduría del Liderazgo

Rubén Huertas

Editado por Elbia I. Quiñones Castillo, MBA, MA

La Sabiduría del Liderazgo

Power Publishing Learning Systems™
PO Box 593
Caguas, PR 00726
info@powerpublishingpr.com
www.powerpublishingpr.com

AZ DP 16 15 14 07 02 14

ISBN 978-0-9961067-1-9

Este libro está dedicado a todas aquellas personas sedientas de crecimiento que anhelan mejorar sus vidas, mejorando las de los demás. Muchas bendiciones y mucho crecimiento.

Introducción

He leído muchos libros en mi vida y siempre regreso a aquellos que encapsulan ideas, valores y principios universales que pueden de manera significativa impactar mi vida y la de aquellas personas que me rodean.

Muchas veces un pensamiento, frase o comentario puede representar una gran enseñanza de vida, muy superior a cualquier clase, taller, seminario o curso. ¡Ese es el poder de las frases! Es por eso que en este libro presento algunas de las frases, pensamientos y principios que han transformado mi vida y la manera en que pienso.

Es mi profundo deseo que el lector tenga la misma experiencia al encontrarse con ideas que lo ayuden a clarificar su pensamiento y entendimiento de este tema tan profundo y abarcador del liderazgo.

El liderazgo es un proceso que nunca termina. Estas frases pudieran ser el catalítico que impulse tu crecimiento a través de la acción intencional, producida como resultado de un entendimiento más claro de todo aquello que nos rodea.

Que cada palabra, impregne en tu ser el deseo de superación y excelencia y les ofrezca la fuerza necesaria para contrarrestar aquellos retos que se encuentren en el camino. Este es mi deseo!

Rubén Huertas

Liderazgo es influencia.
—J. Oswald Sanders

Reflexión

_____

_____

_____

_____

Es lo que aprendes, después
de saberlo todo, lo que cuenta.
—John Wooden

Reflexión

La tragedia de la vida es lo que muere por dentro de una persona, mientras aún vive.
—Albert Einstein

Reflexión

_____

_____

_____

_____

_____

Si lo que hiciste ayer aún te parece grande, no has hecho mucho hoy.

Reflexión

_____

_____

_____

_____

El mayor enemigo del éxito de
mañana es el éxito de hoy.
—Rick Warren

Reflexión

_____

_____

_____

_____

No le temas a caminar despacio,
témele únicamente a estancarte.
—Proverbio Chino

Reflexión

_____

_____

_____

_____

Enseñamos lo que conocemos,
pero reproducimos lo que somos.
—John C. Maxwell

Reflexión

_____

_____

_____

_____

Tenemos dos alternativas;
perder o cambiar.
—Lester C. Thurow

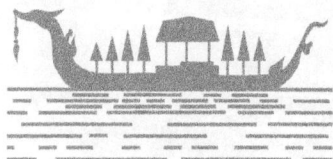

Reflexión

_____

_____

_____

_____

Cambiar es inevitable;
crecer es opcional.
—John C. Maxwell

Reflexión

_____

_____

_____

_____

Para tener éxito en la vida, tienes
que duplicar tu factor de fracaso.
—Thomas J. Watson

Reflexión

_____

_____

_____

_____

Existimos temporeramente por lo
que tomamos, vivimos eternamente
por lo que damos.
—Douglas M. Lawson

Reflexión

Liderazgo es una vida
influenciando a otra.
—J. Oswald Sanders

Reflexión

_____

_____

_____

_____

Fracasado es aquel que piensa y no
hace y aquel que hace sin pensar.
—W.A. Nance

Reflexión

En cinco años serás la misma persona que eres hoy, excepto por las personas que conozcas y los libros que leas.
—Charlie "Tremendous" Jones

Reflexión

_____

_____

_____

_____

Nada grandioso se ha logrado
sin entusiasmo.
—Ralph Waldo Emerson

Reflexión

_____

_____

_____

_____

Aquí yace un hombre que supo
rodearse de personas mejores que él.
—En la tumba de Andrew Carnegie

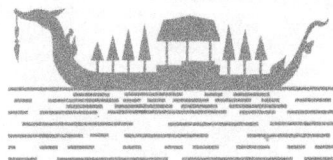

Reflexión

_____

_____

_____

_____

No gastes un dólar de tiempo en una decisión de diez centavos.

Reflexión

_____

_____

_____

_____

Cuando dejas de aprender,
dejas de ser un líder.
—Rick Warren

Reflexión

La gente apoya lo que
han ayudado a crear.

Reflexión

_____

_____

_____

_____

Un buen líder es aquel que pisa
tus zapatos sin quitarle su brillo.

Reflexión

_____

_____

_____

_____

Los águilas no andan en bandadas.
Es por eso que tienes que
encontrarlos uno a la vez.
—H. Ross Perot

Reflexión

_____

_____

_____

_____

Aquel que quiera dirigir la orquesta tiene que darle la espalda a las masas.

Reflexión

_____

_____

_____

_____

Para construir organizaciones grandes, tienes que construir gente grande.

Reflexión

_____

_____

_____

_____

Es a través del desarrollo de los
demás que creamos éxito permanente.
—Harvey S. Firestone

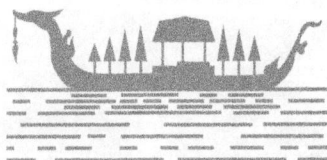

Reflexión

_____

_____

_____

_____

Hoy lector, mañana líder.
—W. Fusselman

Reflexión

El liderazgo es una travesía de
toda la vida, no un corto viaje.
—John C. Maxwell

Reflexión

_____

_____

_____

_____

La prueba del liderazgo está en mirar a tu alrededor y ver si alguien te sigue.

Reflexión

_____

_____

_____

_____

El que tenga la mejor información,
tendrá el mayor éxito.
—Disraeli

Reflexión

_____

_____

_____

_____

Algunas personas cambian su trabajo, sus parejas y sus amigos. Pero nunca se les ocurre cambiarse así mismos.

Reflexión

El ego y el liderazgo
nunca van de la mano.

Reflexión

_____

_____

_____

_____

Muéstrame a una persona que no se molesta en hacer cosas pequeñas y te mostraré a una persona, en quien no se puede confiar para hacer cosas grandes.
—Lawrence D. Bell

Reflexión

_____

_____

_____

_____

Los mejores líderes son
excelentes seguidores.

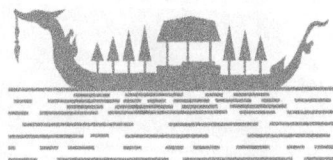

Reflexión

_____

_____

_____

_____

La tarea principal de un
líder es añadir valor.

_____

_____

_____

_____

Un buen líder utiliza su conocimiento como el agua de un río, no como el agua de una reserva.
—Earl Nightingale

Reflexión

_____

_____

_____

_____

Nunca hagas algo que no harías si fuera la última hora de tu vida.
—Jonathan Edwards

Reflexión

_____

_____

_____

_____

El que pierde riquezas, pierde mucho; el que pierde a un amigo, pierde más; pero que el que pierde el valor, lo pierde todo.
—Miguel de Cervantes

Reflexión

_____

_____

_____

_____

El liderazgo es un acto voluntario.

_____

_____

_____

_____

Dios concede que los hombres
de principios sean nuestros
principales hombres.
—Thomas Jefferson

Reflexión

_____

_____

_____

_____

No es lo que nos ganamos, sino lo que regalamos, lo que nos hace ricos.
—Henry Ward Beecher

Reflexión

_____

_____

_____

_____

No es porque las cosas sean difíciles que no nos atrevemos, es porque no nos atrevemos que las cosas son difíciles.
—Séneca

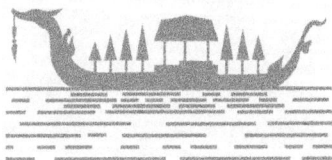

Reflexión

Si quieres hacer paz con tu enemigo,
tienes que trabajar con él.
—Nelson Mandela

Reflexión

_____

_____

_____

_____

Un gran líder es el que puede
ayudar a otros a descubrir su
potencial por sí mismos.
—Bo Bennet

Reflexión

_____

_____

_____

_____

La tarea de un líder es llevar a su gente de donde está hasta donde no haya llegado jamás.
—Henry Kissinger

Reflexión

_____

_____

_____

_____

Si tus acciones inspiran a otros a soñar más, aprender más, hacer más y ser mejores, eres un líder.
—Jack Welch

Reflexión

_____

_____

_____

_____

La innovación es lo que distingue
a un líder de sus seguidores.
—Steve Jobs

Reflexión

_____

_____

_____

_____

El mundo no paga a los hombres por lo que saben. Les paga por hacer lo que hacen o inducen a otros a hacer.
—Napoleón Hill

Reflexión

_____

_____

_____

_____

La mayor gloria no es nunca
caer, sino levantarse siempre.
—Nelson Mandela

Reflexión

_____

_____

_____

_____

El pesimista se queja del viento.
El optimista espera que cambie.
El líder arregla las velas.
—John C. Maxwell

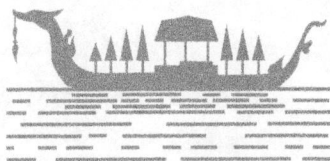

Reflexión

_____

_____

_____

_____

La prueba del líder es la capacidad de reconocer un problema, antes de que se convierta en una emergencia.
—Arnold H. Glasow

Reflexión

_____

_____

_____

_____

Liderazgo es la fortaleza de
las propias convicciones.
—Benazir Bhutto

Reflexión

_____

_____

_____

_____

Sé el cambio que quieres ver en el mundo.
—Mahatma Gandhi

Reflexión

_____

_____

_____

_____

Lidera sin título.
—Robin S. Sharma

Reflexión

Liderazgo es el arte de conseguir
que alguien haga algo que tú
quieres, porque él quiere hacerlo.
—Dwight D. Eisenhower

Reflexión

_____

_____

_____

_____

Cuando los valores están claros,
la toma de decisiones es fácil.
—Roy Disney

Reflexión

Para medir a un líder, ponle una cintra métrica alrededor de su corazón, no alrededor de su cabeza.

Reflexión

_____

_____

_____

_____

Es para huir que se necesita mucha tierra, para pelear por la libertad, solo dos palmos de tierra bastan.
—Pedro Albizu Campos

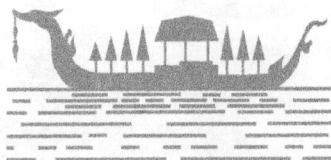

Reflexión

De los buenos líderes, la gente no nota su existencia. Cuando se haya completado el trabajo de los mejores líderes, la gente dirá: "Lo hemos hecho nosotros".
—Lao-Tsé

Reflexión

_____

_____

_____

_____

Tu carácter es la forma más
efectiva de persuasión.

Reflexión

_____

_____

_____

_____

La función del líder es mobilizar
a su gente hacia adelante.
—Kouzes & Posner

Reflexión

_____

_____

_____

_____

Integridad es tener palabra para con uno mismo; honestidad es tener palabra para con los demás.

Reflexión

_____

_____

_____

_____

Un líder presta atención al más
meticuloso detalle para alcanzar
la excelencia en los demás.

_____

_____

_____

_____

La autoridad se gana, dándola
a los demás.
—James B. Stockdale

Reflexión

_____
_____
_____
_____

Es más fácil ir del fracaso al éxito
que de las excusas al éxito.
—John C. Maxwell

_____

_____

_____

_____

Mientras a más personas sirvas
y a más personas añadas valor,
mayor será tu liderazgo.

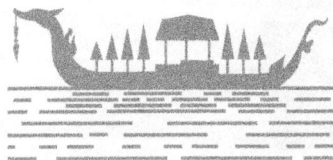

Reflexión

_____

_____

_____

_____

Cuida tu carácter y tu reputación
se cuidará por sí sola.
—Dwight L. Moody

Reflexión

_____

_____

_____

_____

La pregunta más importante para un líder no es ¿qué estoy obteniendo?, sino, ¿en quién me estoy convirtiendo?.
—Jim Rohn

Reflexión

_____

_____

_____

_____

Los libros que no leas no ayudarán
a que seas un mejor líder.

Reflexión

_____

_____

_____

_____

El éxito y el poder no se persiguen; son atraídos por la persona en la que te conviertes.

Reflexión

_____

_____

_____

_____

Cuando trabajas para tus metas,
tus metas trabajan para ti.

Reflexión

_____

_____

_____

_____

No podemos darnos el lujo de invertir mucho tiempo en cosas pequeñas, ni poco tiempo en cosas grandes.

Reflexión

_____

_____

_____

_____

A lo sumo, únicamente, media docena
de cosas hacen la diferencia en la vida.
Asegúrate de dominarlas.

Reflexión

_____

_____

_____

_____

La credibilidad es la base del liderazgo.
—Kouzes & Posner

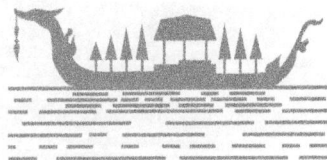

Reflexión

_____

_____

_____

_____

Liderazgo es un proceso, no un título.

Reflexión

_____

_____

_____

_____

El desarrollo del liderazgo
tiene que ser intencional.
Este no ocurre por accidente.

Reflexión

_____

_____

_____

_____

Liderazgo es aceptar a la
gente donde están y llevarlos a
donde tienen que llegar.
—C.W. Perry

Reflexión

_____

_____

_____

_____

El liderazgo no tiene nada que
ver con lo que haces, sino más
bien con quien tú eres.
—Frances Hesselbein

Reflexión

No envíe a sus patos a la
escuela de las águilas.
—Jim Rohn

_____

_____

_____

_____

La gente no se va de las organizaciones, sino más bien abandonan a las personas mediocres que lideran las mismas.

Reflexión

_____

_____

_____

_____

Liderar una organización es
50% alma y 50% sistemas.
—Herb Kelleher

Reflexión

_____

_____

_____

_____

Las palabras nobles
tienen un efecto eterno.
—Madre Teresa

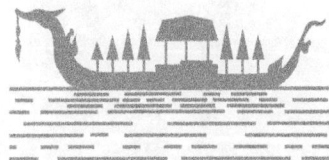

Reflexión

_____

_____

_____

_____

Hacer lo correcto es maravilloso.
Enseñar a otros a hacer lo
correcto, mejor todavía.
—Mark Twain

Reflexión

_____

_____

_____

_____

El compromiso del equipo comienza
con el compromiso del líder.

Reflexión

_____

_____

_____

_____

La tarea principal de un líder
es desarrollar a un equipo que
se complementen entre sí.
—Stephen Covey

Reflexión

_____

_____

_____

_____

Un líder se enfoca tanto en lo
que tiene que hacer como en lo
que tiene que dejar de hacer.
—Jim Collins

Reflexión

_____

_____

_____

_____

El momentum es la energía
necesaria para el cambio.

_____

_____

_____

_____

El camino hacia el éxito
es siempre cuesta arriba.
—Paul Harvey

Reflexión

_____

_____

_____

_____

Un gran líder se mide por
los logros de su equipo.

_____

_____

_____

_____

No puedes ayudar a otros sin a la vez ayudarte a ti mismo.

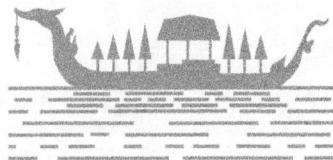

Reflexión

_____

_____

_____

_____

Un buen líder contrata únicamente
a personas superiores a él.

Reflexión

_____

_____

_____

_____

Un líder efectivo es más pragmático que perfeccionista.

_____

_____

_____

_____

La tiranía termina por destruir
a los que la ejercen.
—Pedro Albizu Campos

Reflexión

_____

_____

_____

_____

El propósito de la vida
es crecer y compartir.
—Harold Kushner

Reflexión

El que se convierte en líder renuncia
al derecho de pensar en sí mismo.
—Gerald Brooks

Reflexión

_____

_____

_____

_____

El líder es el servidor que remueve
los obstáculos para que su gente
logre sus objetivos.
—Max Depree

Reflexión

Un líder no controla; guía.
—Jack Welch

Reflexión

_____

_____

_____

_____

Para desarrollar a la gente tienes que tener una mentalidad a largo plazo.

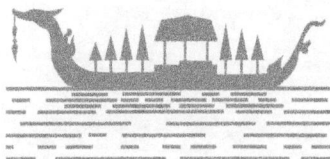

Reflexión

_____

_____

_____

_____

Un líder nunca utiliza
la palabra "jefe".

Reflexión

_____

_____

_____

_____

La gente buena se encuentra;
no se cambia.
—Jim Rohn

Reflexión

_____

_____

_____

_____

El primer paso para determinar la inteligencia de un líder es observar a aquellos que le rodean.
—Niccolo Machiavelli

Reflexión

_____

_____

_____

_____

Pocas cosas son peores que un
líder que piensa que lo sabe todo.

Reflexión

Un líder deja como legado sus convicciones y el ímpetu de seguir hacia adelante.
—Walter Lippmann

Reflexión

El derecho a la libre expresión
es dado. El derecho a que te
escuchen te lo tienes que ganar.

Reflexión

_____

_____

_____

_____

La persona que piensa que ha llegado,
no conoce la esencia del liderazgo.

Reflexión

_____

_____

_____

_____

Los mejores líderes desarrollan a su
gente hasta el punto en que estos se
convierten en mejores que él.
—Fred A. Manske Jr.

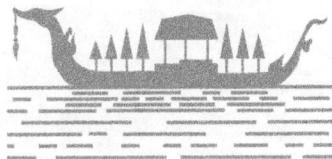

Reflexión

_____

_____

_____

_____

Las grandes instituciones son
la sombra de una gran persona.
—Ralph Waldo Emerson

Reflexión

_____

_____

_____

_____

Después que el agua comienza a
hervir, es inutil apagar el fuego.
—Nelson Mandela

Reflexión

_____

_____

_____

_____

La meta de la vida es crear
algo que dure para siempre.

Reflexión

Un líder es un pescador de sueños.

Reflexión

_____

_____

_____

_____

Mientras más alto quieras llegar, mayores destrezas de liderazgo necesitarás.

Reflexión

_____

_____

_____

_____

Mientras mayor impacto quieras crear, mayor influencia debes tener.

Reflexión

Tu efectividad organizacional será proporcional a tus destrezas de liderazgo.

Reflexión

_____

_____

_____

_____

Sin influencia, jamás podrás liderar.

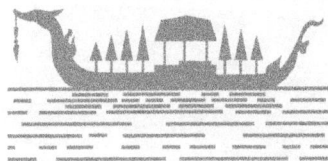

Reflexión

_____

_____

_____

_____

La diferencia entre líderes y
seguidores es la capacidad de
desarrollar a las personas.
—Bennis & Nanus

Reflexión

_____

_____

_____

_____

El golpe que te noquea
es el que no veías venir.
—Joe Frazier

Reflexión

_____

_____

_____

_____

El éxito de un líder no se mide en cuán lejos este llega, sino en cuán lejos llegan sus seguidores.

Reflexión

_____

_____

_____

Mientras más destrezas de liderazgo
posea la persona, más rápido reconocerá
las destrezas de líder en otros.

Reflexión

_____

_____

_____

_____

Una medida de tu liderazgo es la calidad de personas que te rodean.
—Dennis A. Peer

Reflexión

_____

_____

_____

_____

Mientras más desarrolles tus destrezas de liderazgo, mejores líderes atraerás a tu vida.

Reflexión

_____

_____

_____

_____

Si la cima de tu éxito es solitaria es porque no te has convertido en un líder.

Reflexión

_____

_____

_____

_____

El potencial de un líder lo determinan las personas más allegadas a él.

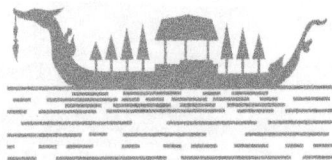

Reflexión

_____

_____

_____

_____

Ser un buen líder no se trata de enriquecerse a sí mismo, sino de empoderar a los demás.

_____

_____

_____

_____

Un líder puede hablar, pero no enseña hasta que comienza a practicar lo que habla.
—Featherstone

Reflexión

Un líder encuentra el sueño y después llega la gente. La gente encuentra al líder y después llega su sueño.

Reflexión

_____

_____

_____

_____

Cuando un líder está bajo presión, el poder de su interior sale a la superficie.

Reflexión

_____

_____

_____

_____

Un líder pudiera operar fuera de su zona de comodidad, pero nunca fuera de su zona de fortaleza.

Con el aumento en tu liderazgo, se reducen tus derechos y aumentan tus responsabilidades.

Reflexión

_____

_____

_____

_____

Si le hablas a una persona en un lenguaje que entienda, lo que le digas irá a su cabeza. Si le hablas en su propio idioma, irá al corazón.
—Nelson Mandela

Reflexión

_____

_____

_____

_____

Si hay que sacrificarse para
llegar, hay que sacrificarse más
todavía para mantenerse.

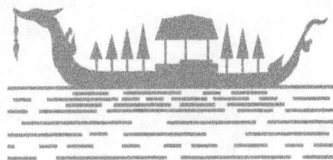

Reflexión

_____

_____

_____

_____

Se requiere una actitud especial para convertirse en un líder que desarrolla a otros líderes.

_____

_____

_____

_____

El liderazgo es como el interés compuesto. Mientras más tú inviertas, mayor será tu crecimiento y retorno en la inversión.

Reflexión

La vida sería insignificativa si no fuera
por el impacto que tenemos en los demás.
—Jackie Robinson

Reflexión

_____

_____

_____

_____

La disciplina es un proceso de aprendizaje a través de la repetición cuyo resultado es la creación de un hábito.
—Rubén Huertas

Reflexión

Tienes que aprender más
antes de poder ganar más.
—Jim Rohn

Reflexión

_____

_____

_____

_____

Usted se comunica con la gente basado en la manera en que los ve en su mente.

Reflexión

_____

_____

_____

_____

Un líder necesita tocar el corazón
antes de pedir que le den la mano.

Reflexión

_____

_____

_____

_____

Puedes identificar aquellas personas que han encontrado su voz, porque los puedes escuchar por horas sin cansarte.

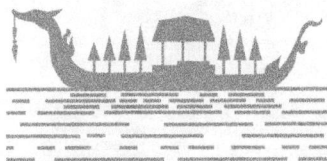

Reflexión

_____

_____

_____

_____

Un líder es un proveedor de recursos
que transforma la vida de los demás.

Reflexión

_____

_____

_____

_____

Si eres un buen líder no necesitas un título;
si eres un mal líder, ningún título te ayudará.
—John C. Maxwell

Reflexión

_____

_____

_____

_____

Un líder es un vehículo para que la gente alcance su grandeza.

_____

_____

_____

_____

Así como el hierro se afila con el hierro,
el hombre se afila con el hombre.
—Proverbios 27:17

Reflexión

_____

_____

_____

_____

No podemos liderar a muchos cuando somos incapaces de comprender a uno.
—San Juan Bosco

Reflexión

_____

_____

_____

_____

La tarea de entender la naturaleza humana debe ser una prioridad en todo líder.

Reflexión

Lo que te da valor en la vida no
es lo que tienes; es la persona
en la que te conviertes.

Reflexión

_____

_____

_____

_____

Hoy y ahora es el momento para comenzar a transformar vidas.

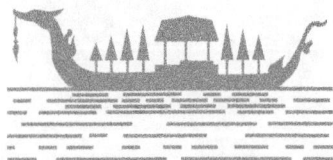

Reflexión

_____

_____

_____

_____

Tenemos que ser pastores con olor a oveja. Un líder de verdad se mantiene cerca de su gente.
—Papa Francisco

Reflexión

_____

_____

_____

_____

La prueba del compromiso es hacer algo
todos los días para alcanzar su meta, sin
importar cuán pequeño sea ese esfuerzo.

Reflexión

Si usted es intermitente, sus resultados serán intermitentes.

Reflexión

_____

_____

_____

_____

Los libros son la fuente de la sabiduría;
la sabiduría es la fuente de la abundancia.

Reflexión

_____

_____

_____

_____

El sueño de Dios para ti es más
grande que tu propio sueño.

_____

_____

_____

_____

El valor de un líder se mide por su sucesión.

Reflexión

_____

_____

_____

_____

La pregunta diaria de un líder es:
¿Estoy mejorando la vida de
aquellos que me rodean?

_____

_____

_____

_____

Cuando la confianza se pierde,
el liderazgo termina.

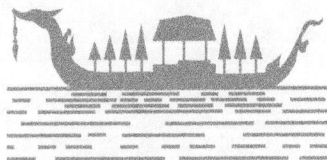

Reflexión

Las personas controladoras son inseguras y no pueden liderar a otras personas aunque quieran.

Reflexión

_____

_____

_____

_____

Un gran sueño requiere de un gran equipo.

_____

_____

_____

_____

El tamaño de tu sueño determina el tamaño del equipo que necesitas para alcanzarlo.

Reflexión

_____

_____

_____

_____

Al principio, el sueño es más grande
que el equipo; al final, el equipo es
más grande que el sueño.

Reflexión

Cuando un líder obtiene claridad de
pensamiento, los detalles específicos
para lograr el objetivo aparecen.

Reflexión

_____

_____

_____

_____

Pregunta obligada:
¿Qué debo hacer hoy para
acercarme a mis metas?

Reflexión

_____

_____

_____

_____

No existe ningún líder perfecto porque los seres humanos no somos perfectos.

Reflexión

_____

_____

_____

_____

Si siembras la semilla,
no rechaces la cosecha.

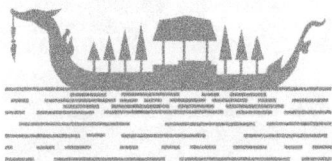

Reflexión

El fracaso tiene que aceptarse como una parte necesaria del proceso de aprendizaje.

Reflexión

_____

_____

_____

_____

Aquello que desconocemos,
controla nuestros resultados.

Reflexión

_____

_____

_____

_____

El propósito de las metas no es el logro de las metas, sino convertirse en el tipo de persona que puede alcanzar esas metas.

Reflexión

_____

_____

_____

_____

Escribe tus metas en el
concreto y tus planes para
alcanzar esas metas en la arena.

Reflexión

_____

_____

_____

_____

Tienes que mantener un ojo en
el pasado y el otro en el futuro.
—Wolverine

Reflexión

_____

_____

_____

_____

Cuando usted crea compromiso, crea esperanza; cuando mantiene el compromiso, crea confianza.

Reflexión

_____

_____

_____

_____

El que desea sacar la espada es un principiante. El que puede sacar la espada es un experto. El que es la espada misma es un maestro.
—Kotowaza

Reflexión

Las personas grandes monopolizan el escuchar; las personas pequeñas monopolizan el hablar.

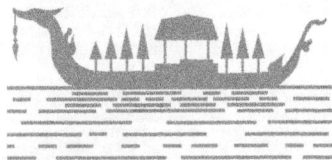

Reflexión

_____

_____

_____

_____

U sted podrá recibir todo lo que desea
en su vida, si ayuda a otras personas a
obtener lo que ellos desean.
—Zig Ziglar

Reflexión

Vive tu vida de tal manera que cuando ya no estés, se sepa que estuviste.
—Beyonce

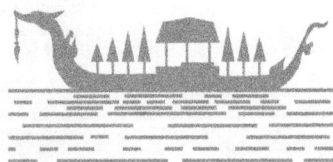

Reflexión

Serás feliz, me dijo la vida;
pero primero, te haré fuerte.

_____

_____

_____

_____